Beauty Gurus auf YouTube

Inwiefern beeinflussen weibliche Beauty Gurus, auf der Social Media Plattform YouTube, Mädchen und junge Frauen in Bezug auf ihr Wertesystem, Selbstbild und Konsumverhalten?

Monika Quindt

G R I N ☺

Bibliografische Information der Deutschen Nationalbibliothek:

Die Deutsche Nationalbibliothek verzeichnet diese Publikation in der Deutschen Nationalbibliografie; detaillierte bibliografische Daten sind im Internet über http://dnb.d-nb.de abrufbar.

ISBN: 9783346669360
Dieses Buch ist auch als E-Book erhältlich.

© GRIN Publishing GmbH
Nymphenburger Straße 86
80636 München

Druck und Bindung: Books on Demand GmbH, Norderstedt Germany
Gedruckt auf säurefreiem Papier aus verantwortungsvollen Quellen

Das vorliegende Werk wurde sorgfältig erarbeitet. Dennoch übernehmen Autoren und Verlag für die Richtigkeit von Angaben, Hinweisen, Links und Ratschlägen sowie eventuelle Druckfehler keine Haftung.

Das Buch bei GRIN: https://www.grin.com/document/1243258

FH Bielefeld

University of Applied Sciences

Fachbereich Sozialwesen

Studiengang Soziale Arbeit

Hausarbeit

Seminar: Technik Wissenschaftlichen Arbeitens

Beauty Gurus auf YouTube

Inwiefern beeinflussen weibliche Beauty Gurus, auf der Social Media Plattform YouTube, Mädchen und junge Frauen in Bezug auf ihr Wertesystem,
Selbstbild und Konsumverhalten?

vorgelegt von   Monika Quindt

Studiengang: Soziale Arbeit, 1. Fachsemester

Abgabedatum: 09.12.2019

Inhaltsverzeichnis

1 Einleitung

Menschen im Internet und Social Media. Ob auf Facebook, Instagram oder YouTube, die Anzahl aktueller Nutzer wird nicht weniger. Immer mehr Menschen verfallen dem Genuss der sozialen Netzwerke und legen sich Accounts auf diversen Apps an. Es ist eine öffentliche Art sein Leben zu präsentieren, andere zu verfolgen oder ist schlicht ein guter Zeitvertreib. So auch das Medium YouTube. Nicht entscheidend in welcher Altersklasse oder zu welcher Tageszeit, man durchstöbert die Startseite YouTubes und schaut sich zur Unterhaltung Videos an. Immer wieder neue Inhalte kommen dazu, was den Zuschauern die Möglichkeit bietet, genau das zu finden, was ihn interessiert. Ob in Richtung Musik, Comedy, Gaming, oder auch Beauty – welches das gewählte Thema dieser Hausarbeit ist. Das Thema Beauty und Fashion ist ein, vor allem von weiblichen Videomacherinnen, häufig gewähltes Konzept, welches sich mit Mode, Make-Up und Einkaufen beschäftigt. Ein weiterer großer Teil wovon dieses Genre lebt, ist die Nutzung von Produkten und Werbungen innerhalb der Videos, wobei man sich die Frage stellt, ob diese die Zuschauerinnen bei ihrem Blick auf das Wertesystem beeinflusst und zu dem Kauf gewisser Artikel lenkt.

Anhand dieser Ausgangsposition werde ich zunächst erläutern, was YouTube und die dazugehörigen Influencer, darunter Beauty Gurus, genau sind und woraus ihre Tätigkeiten auf YouTube bestehen. Daran anknüpfend gehe ich auf YouTube als Werbeplattform und die entsprechenden Werbestrategien ein. Zu diesen gehören Product Placements und PR-Samples, welche ich in den Unterkapiteln erläutere und mit Beispielen anschaulich darstelle. Als nächstes wird ein Verständnis des Wertesystems und daran anschließend des Selbstbilds junger Frauen hergestellt. Nachfolgend kommt dann die Bedeutung der YouTuber als Vorbildrolle und in Bezug darauf komme ich auf die Fragestellung zu sprechen, inwiefern die Beauty Gurus Mädchen und junge Frauen im Hinblick auf ihr Wertesystem und Selbstbild, und daran anknüpfend ihr Konsumverhalten beeinflussen. Darauf folgt im Anschluss ein Fazit, welches die Hausarbeit und Thematik nochmals abrunden wird.

2 Social Media Plattform: YouTube

YouTube – bereits 2010 bekannt als das "drittgrößte Land der Welt" (Beisswenger 2010, S. 71) - ist ein Online-Videoportal, welches für jeden kostenlos und frei zugänglich ist. Dieses soziale Netzwerk gehört zu dem Suchmaschinentreiber Google Inc. und ist die führende Plattform, wenn es um das Schauen und Hochladen von Videos geht. Entwickelt wurde YouTube im Jahre 2005 und bietet Nutzern seitdem die Möglichkeit, sich Videos anzusehen und zu teilen. Zum anderen kann man die Plattform dafür nutzen, um sich mit anderen Menschen auszutauschen und die Inhalte anderer Nutzer zu kommentieren.

Es ist jedem Nutzer gestattet, Videos zu sehen, zu bewerten und zu veröffentlichen. Die Richtlinien besagen jedoch, dass jüngere Kinder unter 16 Jahren kein eigenes Konto besitzen dürfen, sie allerdings trotzdem Inhalte sehen und teilen können. Dafür muss über das Konto der Eltern ein Unterkonto angelegt werden, welchen die Erziehungsberechtigten dann verwalten. Ab dem 16 Lebensjahr können Jugendliche nun ein eigenes Konto errichten, jedoch wird die Zustimmung der Eltern für die Nutzung weiterhin benötigt. Mit dem Beginn der Volljährigkeit ist es einem nun gestattet, das Online-Portal YouTube mit allen möglichen Anwendungen frei zu nutzen (vgl. Landeszentrale für Medien und Kommunikation 2018).

Auf YouTube gibt es unterschiedliche Kanäle mit immer wieder neuen Formaten und Inhalten, da jeder die freie Wahl hat, was er hochladen möchte und was nicht. So existieren viele Genres, unter Anderem Channels, wo die Nutzer Informationen oder Nachrichten vermitteln (vgl. MrWissen2go). Des Weiteren gibt es Comedy Kanäle, wo es häufig zu Challenges und Kollaborationen mit anderen YouTuber/-innen kommt (vgl. Rezo ja lol ey). Durch diese Vernetzung unter den Videoproduzenten kommt es zu einer immer weiteren Ausbreitung der Communities. Ein weiterer großer Teil des YouTube Netzwerkes machen Nutzer aus, die live vor einer Kamera ein Videospiel spielen, und dieses kommentieren (vgl. Gronkh). Diese weit verbreiteten „Let's Plays" (vgl. Landeszentrale für Medien und Kommunikation) bieten den Zuschauern einen Einblick in das gezeigte Spiel und sie können darüber hinaus aus diesen Videos Tipps und Lösungen erhalten. Ein anderes auf YouTube vertretendes Genre ist Beauty und Lifestyle. Diesbezüglich handelt es sich um vielseitige Inhalte rund um die Themen Mode, Make-Up und den Lebensstil der Person (vgl. TheBeauty2go).

Auffällig ist hierbei die Vertretung der Geschlechter in den unterschiedlichen Genres. So sind bei den Let's Plays hauptsächlich männliche YouTuber vertreten und werden zudem überwiegend von Jungs geschaut. In der Beauty und Lifestyle Szene hingegen findet man viele Mädchen und junge Frauen, dessen Videos ebenso die Gruppe desselben Geschlechts ansprechen (vgl. Prof. Dr. Witting 2019).

2.1 Influencer

Als Influencer, zu Deutsch: „Beeinflusser" (Tamblé 2015), werden die Leute in sozialen Netzwerken bezeichnet, die durch ihre hohe Reichweite und aktive Arbeit im Netz, beziehungsweise auf den Social Media Kanälen, als Träger für Werbung und Vermarktung im Social Web relevant sind (vgl. Textbroker 2019).

Charakteristisch sind dafür unter Anderem Menschen, welche öffentlich ihre Meinung zu Produkten preisgeben und mit dieser Äußerung die Zuschauer suggerieren und bei ihrer Wahrnehmung zu den Produkten prägen. Für Unternehmen sind Influencer in der heutigen Zeit sehr wertvoll, da sie mit der Methode des „Influencer-Marketing[s]" (Textbroker 2019) den Informationsgehalt ihres Konzerns weiter verbreiten können. Die Auswahl eines Influencers für einen Betrieb hängt von dem Content des jeweiligen Nutzers und der Zielgruppe ab. So ist es wahrscheinlich, dass ein Unternehmen für Proteinshakes Kontakt mit einem YouTuber im Bereich Fitness aufnimmt.

Diese Art Influencer, auf die man sich hier bezieht nennt sich *Key Influencer*. Das sind jene Nutzer des Social Media, welche einen eigenen Blog oder Kanal führen. Diese nehmen häufig eine hohe Anerkennung ihrer Follower oder Abonnenten entgegen und haben somit Einfluss auf deren Verhalten und Entscheidungen (vgl. Tamblé 2015).

2.1.1 Beauty Gurus

Eine Subgruppe der YouTube-Vlogger sind die Beauty-Gurus. Content Creator von dieser Art gehören zu den Beauty und Lifestyle YouTubern (siehe 2 Social Media Plattform: YouTube). In diesen Videos leben die Videoproduzenten ihr Interesse an den Themen Mode und Schönheit aus (vgl. Roth 2015). Das weitaus ausgeprägter vertretende Geschlecht in diesem Subgenre sind Mädchen und junge Frauen, es finden sich auf YouTube jedoch auch männliche Beauty Gurus, wie beispielsweise Marvyn Macnificent. Dieser hat mit seinen über eine Millionen Abonnenten (stand 17.11.2019) eine genauso große Reichweite wie weibliche Beauty Gurus.

Auf den Beauty-Channels lassen sich eine weite Auswahl an Videos aufzeigen. Je nach Blogger findet man auf den Kanälen verschiedene Inhalte. Zu diesen gehören beispielsweise *Tutorials* in Bezug auf Frisuren oder Make-Up, wo die YouTuber Tipps und Trends vorstellen. Ein anderer dazu passender Bereich sind die *Hauls*. Eine Form für die Gurus ihre Einkäufe wie Kleidung, Schmuck oder Schminke zu präsentieren und Produkte zu empfehlen. Zusätzlich zu den Hauls gibt es vermehrt auch *Reviews*, auf Deutsch Rezension, in welchen bestimmte Produkte genauer bewertet und über „die Nützlichkeit, Qualität und bestmögliche Verwendungsweise" (Roth 2015) des gezeigten Produktes beurteilt wird. In dem Format *Outfit of the Day (OOTD)* zeigen die Influencer verschiedene Outfit-Kombinationen und verlinken oftmals die Klamotten in der Infobox, wodurch die Zuschauer Zugang zu den gezeigten Produkten haben. Ein weiteres Konzept sind *Do-it-yourself (DIY)* Videos, in denen Anleitungen gezeigt werden, wie man (Pflege-)Produkte selber mit Haushaltsmitteln herstellen kann. Als letztes Format zählen die *Follow-me-around*-Videos, in welchen die Vlogger sich selbst dabei filmen, wie sie einen Ausflug oder Reisen unternehmen und ihr Leben demonstrieren (vgl. Roth 2015).

> „Die Beauty-Videos auf dem Internetportal YouTube stellen häufig nur einen Aspekt der medialen Präsenz der Gurus dar, denn sie sind ebenfalls auf anderen sozialen Netzwerkseiten wie Facebook, Twitter oder MySpace vertreten, betreiben parallel dazu ihre eigenen Mode-Blogs oder nutzen den Foto-Sharing-Service Instagram (eine App für internetfähige Mobilgeräte) zur Veröffentlichung ihrer Fotos und Videos" (Roth 2015).

3 YouTube als Werbeplattform

Auf YouTube ist eine zunehmende Kommerzialisierung festzustellen. Diese Kommerzialisierung trifft bei befragten Jugendlichen auf Kritik, da „z.B. die Rolle als Informationsvermittler*in und Meinungsbildner*in mit kommerziellen Interessen vermischt werde" (Hugger u.a. 2019, S.32).

Durch die Monetarisierung der Videos haben aktive YouTuber mit hoher Reichweite die Möglichkeit, durch ihre Einflussnahme auf die Zuschauer mit den Werbeeinnahmen Geld zu verdienen. Die steigende Beliebtheit der Plattform sorgt für immer mehr Aufmerksamkeit und Interesse bei Unternehmen, wodurch es zu Partnerschaften zwischen YouTuber und Firma kommt (vgl. Landeszentrale für Medien und Kommunikation). Unter Monetarisierungen verstehen sich Werbeeinblendungen, die vor (*Pre-Rolls*), während (*Mid-Rolls*) oder nach (*Post-Rolls*) dem gezeigten Video eingeblendet werden. Eine andere Weise der Einblendung von Werbung ist eine Art Banner, der sich in dem unteren Teil eines Videos entlang zieht (vgl. Beisswenger 2010, S.261). Dieser kann von den Zuschauern weggeklickt, oder auch angeklickt werden. Durch das Anklicken der Anzeige kommt es zu einer Weiterleitung auf die geworbene Website und der Influencer wird monetarisiert.

3.1 Product Placement

Eine weit verbreitete Werbestrategie im Social Media sind die Product Placements. Als diese werden Absichten bezeichnet wo es darum geht, ein zu werbendes Produkt in beispielsweise einem YouTube Video in den Vordergrund zu stellen. Dabei wird darauf geachtet, dass das gezeigte Objekt im besten Falle zu dem Content des YouTube-Kanals passt, und auch die Zielgruppe des Channels ansprechend für ebendieses Produkt ist. Diese Art von Produktplatzierung ist in allen Genres enthalten, „besonders aber in […] Beauty, Fashion, Lifestyle und Vlog sind starke Anreize zum Konsum aufzufinden, vermittelt sowohl durch Werbung als auch durch das Zelebrieren einer konsumorientierten Lebensweise" (Gebel / Oberlinner 2019, S.47). Bei einer Produktplatzierung ist die Umsetzung sehr vielfältig. Ob nun in Hauls oder Tutorials, die Hauptsache ist, dass der Influencer die Vereinbarungen mit dem Partner einhält, um die Gage zu erhalten. Dabei relevant ist beispielsweise die Häufigkeit, die das Produkt gezeigt werden soll.

Ein Beispiel für Product Placement sieht man in dem Video *HERBST MAKE-UP & OUTFIT! | BELLA* von der YouTuberin MRS.BELLA (vgl. MRS.BELLA 2015). Dort wird zu Anfang eingeblendet, dass ihr Video Produktplatzierung enthält und im Fortlaufenden werden Produkte gezeigt, vorgestellt und angewendet.

3.2 PR-Samples

Bei der Form des PR-Samples auf YouTube handelt es sich um eine Art des Werbens, in der man ein gesponsortes Produkt vorstellt. Darunter versteht sich, dass Kontakt zwischen Influencer und Unternehmen aufgenommen wird und die Firma dem YouTuber ein Produkt gebührenfrei zuschickt. Im hochgeladenen Video wird dieses Produkt genauer vorgestellt und getestet. Ein PR-Sample enthält außerdem häufig einen ausführlicheren Beitrag über die gezeigte Ware. Dies kann zum Beispiel in Form eines Review-Videos verpackt werden, in denen die Influencer die Möglichkeit haben, frei über das gezeigte Produkt sprechen zu können (vgl. Leitner 2016, S.33).

Als Beispiel für ein PR-Sample schauen wir uns das Video *Ich teste den Amazon 49€ Beauty Adventskalender!* von Malwanne an (vgl. Malwanne 2018). Hier bestätigt sie, dass sie den gezeigten Adventskalender kostenlos zugeschickt bekommen hat und geht Schritt für Schritt auf jedes der Inhalte ein. Sie öffnet die einzelnen 24 Türchen, zeigt die Produkte und bewertet diese persönlich. Am Ende gibt sie ihre subjektive Meinung und Empfehlung zu der Ware.

4 Wertesystem junger Frauen

Im Jugendalter sind Mädchen und junge Frauen unterschiedlichen Aufgaben und Anforderungen ausgesetzt. Dazu gehört zum Beispiel „Werte und ein ethisches System [zu] erlangen, das als Leitfaden für das Verhalten dient" (Tillmann 2006, S.33).

> „Unter Werten verstehen wir die allgemeinsten Grundprinzipien der Handlungsorientierung und der Ausführung bestimmter Handlungen. Werte sind Vorstellungen vom Wünschenswerten, kulturelle und religiöse, ethische und soziale Leitbilder, die die gegebene Handlungssituation transzendieren. Die in einer Gesellschaft vorherrschenden Wertorientierungen sind das Grundgerüst der Kultur" (Schäfers 2006, S.36).

Die drei ausschlaggebendsten Werte für Frauen sind laut einer Studie in der Reihenfolge Ehrlichkeit, Verlässlichkeit und Treue geordnet (vgl. Trodler 2011). Das bedeutet, dass sich nach diesen Werten orientiert und verhalten wird.

Das Wertesystem setzt sich aus verschiedenen Aspekten zusammen und ist stetig im Wandel. So ist in der heutigen Zeit die Schlüsselrolle der Zusammensetzung mit Medien zu verknüpfen. Diese sind dazu fähig, Werte zu vermitteln und zu vertreten (vgl. Reichertz 2008, S. 69f.). Doch zu Werten gehört sehr viel mehr. Sie sind vielfältig und es ist in der heutigen Gesellschaft nach der Fähigkeit gefragt, mit ebendieser Wertevielfalt und den dazugehörenden Konflikten umzugehen (vgl. Tegeler / Märtin 2017, S. 5). Dazu gehört als Beispiel die Handlungsorientierung einer bestimmten Kultur, oder auch religiöse Überzeugungen. In Betracht auf die Jugendlichen fällt jedoch auf, dass Wertevielfalt etwas ist, womit ein guter Umgang geübt ist. Durch die vielen verschiedenen Gruppe, denen man im Alltag begegnet, werden junge Menschen täglich mit unterschiedlichen Werten konfrontiert (vgl. Fack / Jäckel / Ott 2018, S.18).

4.1 Selbstbild junger Frauen

Der Begriff Selbstbild beschreibt die Wahrnehmung des Selbst und ist „in seiner Entwicklung zahlreichen Einflüssen ausgesetzt […] und [macht] manche Veränderungen [durch] […]" (Erhard 1979, S.16).

> „Es setzt sich zusammen aus Elementen wie den Wahrnehmungen der Charakteristika und der Fähigkeit der Person; den Wahrnehmungen und Vorstellungen vom Selbst in bezug zu anderen und zur Umgebung; den Wertgehalten, die als verbunden mit Erfahrungen und Objekten wahrgenommen werden; und den Zielen du Idealen, die als positiv oder negativ wahrgenommen werden" (Rogers 1976, S.135).

Ebenfalls abhängig ist das Selbstkonzept von dem Alter und dem Verhältnis zur Familie und der Peergroup. So ist es essenziell wichtig für die Entwicklung des Selbstbildes auf Akzeptanz und Zugehörigkeit zu stoßen.

5 YouTuber in der Vorbildrolle

Menschen, die regelmäßig ihre Zeit auf der Plattform YouTube verbringen, bauen einen Bezug zu den YouTubern auf, von denen sie Videos konsumieren. Die Influencer werden zu medialen Bezugspersonen und Vorbildern für einige, vor allem junge, Zuschauer

(Rath / Marci-Boehncke 2008, S. 86). Das Verhältnis zwischen Beauty Gurus und ihren Abonnenten ist stark ausgeprägt, da sie „[b]randing themselves as a friend or big sister who gives you beauty tips, relationship advice, and encouragement [which] creates trust and loyalty within their fans" (Sunder 2016).

Sie erlangen Ansehen und Auftritte in Film, Fernsehen und Zeitschriften, wobei nicht selten der Begriff „YouTube-Star" fällt. Sie werden als Personen des öffentlichen Lebens in Form einer Prominenz angesehen, wodurch sie bei Fans als Vorbildrolle fungieren.

> „With that kind of adoration and influence, there is a possibility that they are teaching young girls consumerism and superficiality" (Sunder 2016).

Viele YouTuber mit hoher Reichweite sind sich dessen bereits bewusst und gehen ihrer Aufgabe nach, verantwortungsbewusst und hochprofessionell zu handeln. Dazu gehört beispielsweise die Art, wie der Influencer mit den Fans spricht, oder auch angemessene Inhalte hochzuladen (Gebel / Oberlinner 2019, S. 47).

5.1 Einfluss der YouTuber auf das Wertesystem und Selbstbild weiblicher Zuschauer

Durch den Prominentenstatus der YouTuber, und das Potential von YouTube vielfältigen Content zu veröffentlichen, gibt es den Beauty-Gurus die Möglichkeit Werte wie „Schönheit" zu verbreiten (Sunder 2016). Das Problem bei der Verbreitung von Werten aus der Schönheitsbranche ist die Kenntnis darüber, dass negative Werte und Bilder vermittelt werden können, welche zu Verunsicherungen bei dem weiblichen Publikum führen.

Häufig werden diese Werte in einer Form von Videos gezeigt, in denen die Influencer beispielsweise zeigen, wie sie sich morgens für den Tag bereit machen. Vertretend dafür sieht man sich *Meine MORGENROUTINE für den FRÜHLING | LaurenCocoXO* (vgl. LauraJoelle 2015) an. In diesem Video wird den weiblichen Zuschauerinnen gezeigt, wie normal und wichtig es ist, sich Zeit für sich und seine morgendliche Routine zu nehmen. Zu diesem Ablauf gehört zum einen das Duschen und das tägliche Auftragen von Make-Up, wozu Produkte gezeigt werden, welche der Guru empfiehlt und Produktplatzierung stattfindet, das Aussuchen eines Outfits und dazu passenden Accessoires, aber auch ein ausgewogenes Frühstück. Das alles zusammengepackt hat Einfluss auf das Wertesystem und Selbstbild der Viewer. Derartige Vlogs zeigen eine neue Norm des Schönheitsstandards und führt dazu, dass die jungen Mädchen sich unsicher fühlen (vgl. Bundesamt für Sozialversicherungen 2019). Es beginnt ihr Selbstbewusstsein zu schwächen und sie fangen an, sich nicht mehr schön genug zu finden oder sich zu schminken, obwohl sie es vorher nicht oder nicht derart verstärkt getan haben (vgl. YouTube Impacts Youth 2015).

Anhand dieser Thesen wird der Einfluss der YouTuber auf das Wertesystem und Selbstbild junger Mädchen sichtbar.

5.2 Ist diese Beeinflussung für das Konsumverhalten relevant?

Junge Frauen sind interessiert an materiellen Dingen. Sie finden es aufregend, viel Kleidung zu besitzen oder schön auszusehen und das ist der Punkt, worum sich die Beauty Videos drehen (vgl. YouTube Impacts Youth 2015). Dadurch möchte man genau wie der Künstler die durch Product Placements oder PR-Samples beworbenen Produkte wie „Gesichtscremes, Parfüms oder Lidschatten" (Lindstrom 2012, S.224) besitzen und auftragen, um das Gefühl vermittelt zu bekommen, man ist genau so schön wie der Star (vgl. Lindstrom 2012, S. 223ff.). Sie zeigen ein erstrebenswert konsumorientiertes Leben.

> „Dies fördert neben den vornehmlich positiven Kommentierungen durch Gleichaltrige resp. Gleichgesinnte auf dem Internetportal auch KritikerInnen innerhalb der Zuschauerschaft zutage, die das Konsumhandeln der Beauty-Gurus als übermäßig (im Vergleich zum herkömmlichen, als notwendig erachteten Ausmaß) beurteilen und ihnen ein Abhängigkeitsverhältnis von Firmen unterstellen" (vgl. Roth 2015).

Diese Problematik wurde bereits in Kapitel **3 YouTube als Werbeplattform** angesprochen. Auch bei Jugendlichen trifft diese Art von Kommerzialisierung auf eine kritische Perspektive. Es ist fragwürdig, ob die Influencer die gezeigten Produkte frei von Vorgaben vorstellen und ihre persönliche Meinung äußern.

Damit trifft es nur bedingt zu, dass Beauty Gurus einen Einfluss auf das Konsumverhalten junger Frauen hat, da es auf die Sicht des Zuschauers ankommt, ob man dem Influencer genug Vertrauen schenkt, oder nicht.

6 Fazit

Zur konkreten Beantwortung der Fragestellung, ob weibliche Beauty Gurus, auf der Social Media Plattform YouTube, Mädchen und junge Frauen in Bezug auf ihr Wertesystem, Selbstbild und Konsumverhalten beeinflussen, gibt es zum heutigen Stand nicht ausreichend fachliche Informationen.

Jedoch haben die dargestellten Recherchen eine klare Tendenz in die Richtung gezeigt, dass Beauty Gurus eine Norm bzw. einen konsumorientierten Schönheitsstandard schaffen, welcher von den jungen Zuschauerinnen angenommen und angestrebt wird. Dieses Begehren nach den erzeugten Werten lässt sich darauf zurückführen, dass diese Influencer durch ihre große Reichweite und Größe im Internet häufig einer Vorbild- oder auch Starrolle zuteil werden. Die Schattenseite dieses Aspekts besteht darin, dass die jungen Mädchen und Frauen täglich mit dem Ideal eines perfekt gestylten YouTubers konfrontiert werden, wobei dies zu Folgen des eigenen Selbstbildes und Selbstbewusstseins beiträgt.

Die durch Werbemittel wie Product Placements und PR-Samples unterstützten Videos, werden jedoch weitgehend kritisch betrachtet. Es besteht ein Diskurs indem hinterfragt wird, ob die Influencer noch glaubwürdig sind, sobald sie Produktpatzierungen und anderweitige Werbeformen verwenden. Es kommt zu Unterstellungen, ob die geäußerte Meinung zu einem beworbenen Produkt die wahren Gedanken des Influencers sind, oder seine Äußerungen den Angaben des gesponsorten Unternehmens unterliegen. Andere wiederum reagieren positiv auf derartige Werbemaßnahmen und streben ein genauso konsumorientiertes Leben wie dieses der Beauty Gurus an.

An dieser Stelle empfiehlt sich eine weitere Untersuchung mit der Fragestellung, wie oder ob die befragten Zuschauer sich für den Kauf eines gezeigten Produkts entscheiden, und mit welchem Hintergrund. Ebenfalls mit Bezug auf unterschiedliche Altersgruppen und Art des Produkts, ebenso wie auf die Werbestrategie.

7 Literatur-/Quellenverzeichnis

Beisswenger, Achim [Hrsg.] (2010): YOUTUBE und seine KINDER, wie Online-Video, Web TV und Social Media die Kommunikation von Marken, Medien und Menschen revolutionieren, Baden-Baden : Nomos

Bundesamt für Sozialversicherungen (2019): https://www.jugendund-medien.ch/de/themen/selbstdarstellung-schoenheitsideale.html

Burgess, Jean / **Green**, Joshua (2009): YOUTUBE, Digital Media and Society Series, Cambridge : Polity

Erhard, Rotraut (1979): Das Selbstbild junger Mädchen und ihre Familienstruktur. In: Janig, Herbert / Erhard, Rotraut / Krisch, Karl / Stary, Johannes (1979): Selbstbild und Vorurteil im frühen Jugendalter, Verlag Wolfgang Neugebauer Salzburg

Fack, Matthias / **Jäckel**, Julia / **Ott**, Manina (2018): Auf Augenhöhe – Wertebildung in der Jugendarbeit mit jungen Geflüchteten. Ein Praxisheft: https://www.bertelsmann-stiftung.de/fileadmin/files/BSt/Publikationen/GrauePublikationen/Praxisheft_Wertebildung_2018_final.pdf

Gebel, Christa / **Oberlinner**, Andreas (2019): Das GEHEIMNIS meines ERFOLGES. Zum Orientierungspotential von YouTube-Stars für 10- bis 14-jährige. In: Von Gross, Friederike / Röllecke, Renate (Hrsg) (2019): Instagram und YouTube der (Pre-)Teens. Inspiration, Beeinflussung, Teilhabe, München : kopaed

Gronkh: https://www.youtube.com/user/Gronkh/featured (letzter Zugriff: 15.11.2019, 19:58)

Hugger, Kai-Uwe / Braun, Lea Marie / Noll, Christian / Nowak, Tine / Gräßer, Lars / Zimmermann, Daniel / Kaspar, Kai (2019): Zwischen Authentizität und Inszenierung. Zur medienkritischen Einschätzung informationsorientierter YouTuber*innen-Videos durch Jugendliche. In: Von Gross, Friederike / Röllecke, Renate (Hrsg) (2019): Instagram und YouTube der (Pre-)Teens. Inspiration, Beeinflussung, Teilhabe, München : kopaed

Janig, Herbert / **Erhard**, Rotraut / **Krisch**, Karl / **Stary**, Johannes (1979): Selbstbild und Vorurteil im frühen Jugendalter, Verlag Wolfgang Neugebauer Salzburg

Landeszentrale für Medien und Kommunikation (2018): https://www.klicksafe.de/themen/kommunizieren/youtube/was-ist-youtube/ (letzter Zugriff 31.10.2019, 10:49)

https://www.klicksafe.de/themen/kommunizieren/youtube/genres-und-themen-von-youtube-kanaelen/ (letzter Zugriff: 17.11.2019, 21:01)

https://www.klicksafe.de/themen/kommunizieren/youtube/kommerzialisierung-auf-der-plattform-youtube/ (letzter Zugriff, 18.11.2019, 12:24)

LauraJoelle (2015): https://www.youtube.com/watch?v=nO08Y8MDerY (letzter Zugriff: 03.12.2019, 21:32)

Leitner, Sabrina: https://opus.hs-offenburg.de/frontdoor/deliver/index/docId/1290/file/Masterarbeit_SabrinaLeitner.pdf (letzter Zugriff: 18.11.2019, 16:41)

Lindstrom, Martin (2012): Brandwashed – Was du kaufst, bestimmen die anderen, Frankfurt [u.a.] Campus-Verl. 2012

Malwanne (2018): https://www.youtube.com/watch?v=kVP8IUdX1Gg (Letzter Zugriff: 18.11.2019, 16:44)

MRS.BELLA (2015): https://www.youtube.com/watch?v=P81tE_ZH9w8 (letzter Zugriff: 18.11.2019, 15.05)

MrWissen2go: https://www.youtube.com/user/MrWissen2go (letzter Zugriff: 15.11.2019, 19:35)

Prof. Dr. Witting, Tanja (2019): https://www.gutes-aufwachsen-mit-medien.de/informieren/article.cfm/key.3470/aus.2 (letzter Zugriff: 15.11.2019, 20:25)

Rath, Matthias / **Marci-Boehncke**, Gudrun (2008): Jugendliche Wertkompetenzen im Umgang mit Medien. In: von Gottberg, Joachim / Prommer, Elisabeth (Hg.) (2008): Verlorene Werte? Medien und die Entwicklung von Ethik und Moral, Konstanz UVK-Verl.-Ges.; Alltag, Medien und Kultur: Band 4

Reichertz, Jo (2008): Werteverlust oder Wertevermehrung? Medien und ihr Einfluss auf die Entwicklung von Werten in. In: von Gottberg, Joachim / Prommer, Elisabeth (Hg.) (2008): Verlorene Werte? Medien und die Entwicklung von Ethik und Moral , Konstanz UVK-Verl.-Ges.; Alltag, Medien und Kultur: Band 4

Rezo ja lol ey: https://www.youtube.com/channel/UCvU1c8D5n1Rue3NFRu0pJSw (letzter Zugriff: 15.11.2019, 19:47)

Rogers, Carl (1976): Die klientenzentrierte Gesprächspsychotherapie, Muenchen : Kindler, Aufl. 4

Roth, Viktoria (2015): http://www.jugendszenen.com/?portfolio=youtube-beauty-gurus (letzter Zugriff: 17.11.2019, 21:32)

Schäfers, Bernhard (2006): Soziales Handeln und seine Grundlage: Normen, Werte, Sinn. In: Hermann Korte / Bernhard Schäfers (Hrsg.): Einführung in die Hauptbegriffe der Soziologie, Wiesbaden: VS Verlag für Sozialwissenschaften

Sunder, Gowri (2016): http://thetartan.org/2016/1/25/forum/youtube-guru

Tamblé, Melanie (2015): http://www.influma.com/blog/influencer-marketing-was-sind-influencer/ (letzter Zugriff 15.11.2019, 18:16)

Tegeler, Julia / **Märtin**, Réne (2017): Leitlinien für die Wertebildung von Kindern und Jugendlichen: https://www.bertelsmann-stiftung.de/fileadmin/files/BSt/Publikationen/GrauePublikationen/LW_Leitlinien-Wertebildung.pdf

Textbroker (2019): https://www.textbroker.de/influencer-marketing (letzter Zugriff 15.11.2019, 14:37)

TheBeauty2go: https://www.youtube.com/user/TheBeauty2go (letzter Zugriff: 15.11.2019, 20:17)

Tillmann, Angela (2008): Identitätsspielraum Internet – Lernprozesse und Selbstbildungspraktiken von Mädchen und jungen Frauen in der virtuellen Welt, Weinheim [u.a.] : Juventa-Verl.

Trodler, Tobias (2011): https://www.presseportal.de/pm/74472/2003797 (Letzter Zugriff 25.11.2019, 09:23)

Von Gottberg, Joachim / **Prommer**, Elizabeth (Hg.) (2008): Verlorene Werte? Medien und die Entwicklung von Ethik und Moral, Konstanz UVK-Verl.-Ges.; Alltag, Medien und Kultur: Band 4

Von Gross, Friederike / **Röllecke**, Renate (Hrsg) (2019): Instagram und YouTube der (Pre-)Teens. Inspiration, Beeinflussung, Teilhabe, München : kopaed

YouTube Impacts Youth (2015): https://youtubeimpactsyouth.word-press.com/2015/02/23/the-negative-effects-of-beauty-youtubers/ (letzter Zugriff: 03.12.2019, 23:55)